AF602267

Vente du Mardi 5 Décembre 1876

HOTEL DROUOT, SALLE N° 4

AU PREMIER ÉTAGE

# ESTAMPES ANCIENNES

PRINCIPALEMENT

## DE L'ÉCOLE FRANÇAISE DU XVIIIe SIÈCLE

Pièces en couleur, Vignettes, Eaux-fortes

## DESSINS ANCIENS ET MODERNES

EXPOSITION PUBLIQUE AVANT LA VENTE

| Me Maurice DELESTRE | M. LOIZELET |
|---|---|
| COMMISSre-PRISEUR | Md D'ESTAMPES |
| rue Drouot, 23 | rue des Beaux-Arts, 12 |

PARIS — 1876

V[es] RENOU, MAULDE et COCK

IMPRIMEURS DE LA COMPAGNIE DES COMMISSAIRES-PRISEURS

Rue de Rivoli, 144.

# CATALOGUE

# ESTAMPES ANCIENNES

PRINCIPALEMENT
De l'École française du XVIIIe siècle

## PIÈCES EN COULEUR

Par Bonnet, Debucourt, Huet, Janinet, etc.

## VIGNETTES

D'après Moreau, pour les Œuvres de Molière, Édition de Bret

## EAUX-FORTES MODERNES

Par Martial, Ch. Meryon, H. Monnier, de la Société des Aqua-fortistes, etc.

## DESSINS ANCIENS ET MODERNES

Par Bachelier, Duplessis-Bertaux, J.-B. Huet, Ch. Jacque, H. Robert, C. Roqueplan, Tiépolo, etc.

DONT LA VENTE AURA LIEU

HOTEL DES COMMISSAIRES-PRISEURS
RUE DROUOT, 5, SALLE N° 4
AU PREMIER ÉTAGE

***Le Mardi 5 Décembre 1876***

A DEUX HEURES PRÉCISES

Me **Maurice DELESTRE**, Commissaire-Priseur,
Successeur de M. Delbergue-Cormont,
rue Drouot, 23,

Assisté de **M. LOIZELET,** Marchand d'Estampes,
rue des Beaux-Arts, 12.

EXPOSITION PUBLIQUE AVANT LA VENTE

PARIS — 1876

## CONDITIONS DE LA VENTE

Elle sera faite au comptant.

Les Acquéreurs paieront CINQ POUR CENT en sus des enchères, applicables aux frais.

Les attributions de l'Amateur ont été conservées pour les Dessins.

**M. LOIZELET se charge des Commissions**

# DÉSIGNATION

## ESTAMPES

1 **Anonyme.** Marie-Françoise-Victoire Salmon, L'Innocence reconnue. Très-belle ép.

2 — Les Désirs de l'amour accomplis. Pièce rare.

3 — Les Adieux de Louis XVI à sa famille. Charmante petite composition en rond. Très-belle épr. avant toutes lettres.

4 — Les Caresses de l'Amour. Le Silence. 2 petites pièces en couleur de forme ronde.

5 — Portrait de Raphaël. Epreuve d'artiste. Avant toute lettre.

6 **Aqua-fortistes** (Société des). Année 1865. 12 pièces.

7 — Année 1864. 30 pièces.

8 **Balechou.** Madame Louise-Élisabeth de France, duchesse de Parme (La Terre). D'après Nattier. Très-belle épr.

9 **Baudouin**. Marton, par M. Ponce. Très-belle épr.

10 — Le Jardinier galant, par Helman. Très-belle épr.

11 — Le Midi. La Nuit, par E. de Ghendt. Belles et anciennes épr. 2 pièces.

12 **Bergny** (A Paris chez la Citoyenne). Le Triomphe de la Montagne, pièce allégorique.

13 **Binet**. Nic.-Ed. Restif, Fils-Edme, par L. Berthet. Très-belle épr. avant les vers.

14 — Le même Portrait, avec les vers. Très-belle épr.

15 **Blooteling** (A.). Gérard Hulft, d'après Flinck. Très-belle épr.

16 **Bonnet** (Louis). Costumes de femmes aux deux crayons, d'après Ollivier. 2 pièces.

17 **Borel**. L'Innocence poursuivie par l'Amour, par Avril. Très-belle ép. avant la lettre et avant le feuillage.

18 **Bosse** (Abraham). Le Remède. Très-belle épr.

19 — L'Infirmerie de l'hospital de la Charité de Paris. Très-belle épr. avec marges.

20 **Boucher** (Fr.). Le Tribut de la reconnaissance, par I. H. E. Très-belle épr.

21 — L'Amour désarmé, par Et. Fessard. Très-belle ép., le titre coupé.

22. **Briceau** (Angélique). J.-P. Marat, l'ami du peuple. En couleur. Très-belle épr.

23 **Carême** (Ph.). Le Refus inutile, par F. Flipart. Très-belle épr.

24 **Chardin** (J.-B.-S.). Les Tours de cartes, par P.-L. Surugue. Très-belle épr. Grandes marges.

25 — Etude du dessin, par Le Bas. Très-belle épr.

26 **Choffard** (P.-P.). A l'union des sciences et des arts avec la vertu d'après Ch. Monnet, pièce allégorique sur le duc de Chartres. Très-belle épr. avant la lettre.

27 **Cochin** (Ch.-Nic.). Décoration du bal paré donné par le roi à l'occasion du mariage de Louis, dauphin de France, avec Marie-Thérese, infante d'Espagne, d'après les sieurs Slotz et Perot. Très-belle épr.

28 **Corot** et **Delacroix**. Fac-simile de dessins de ces deux artistes. 7 pièces.

29 **Courtry** (Ch.). Intérieur hollandais, d'après Pierre de Hooch. Très-belle ép. avant la lettre, sur Chine.

30 **Coypel** (Charles). — Les Saisons, représentées par des femmes à mi-corps, gravées par Ravenet. Suite de 4 pièces. Très-belles épr.

31 **Cucinotta**. Le Péage. — Déjà passé, d'après E. Rudaux, composition pour éventail. Très-belle épr. sur papier du Japon.

32 **Dambrun**. Le Repas de la nuit. — Le Divertissement de la nuit, d'après Le Brun. 2 pièces. Très-belles épr.

33 **Debucourt**. Modes et manières du jour. Numéros : 3, 9, 13, 14, 15, 43, 44, 45 et 51 de la suite. 9 costumes coloriés. Très-belles épr. Rares.

34 — La Manie de la danse. Très-belle épr.

35 — Les Joueurs de boules, d'après Carle Vernet. Très-belle épr.

36 — Intérieur d'une salle à manger, épr. avant la lettre, en noir. — Intérieur d'une cuisine, épr. avec la lettre, en couleur. Pièces d'après Droling, faisant pendants.

37 **Delacroix** et **Ingres**. Le Christ au tombeau, par J. Laurens. — Roger et Angélique, par Sudre. 2 pièces.

38 **Demarteau**. Hercule et Omphale. — Jupiter et Danaé, d'après J.-B. Huet. Très-belles épr. aux deux crayons, rognées à l'ovale.

39 — Jupiter et Léda d'après F. Boucher. Très-belle ép. à la sanguine, toutes marges.

40 **Deroy** (A Paris chez). Costumes des représentants du peuple, membres des deux conseils, du Directoire exécutif, des ministres, des tribunaux, des messagers d'État, huissiers et autres fonctionnaires publics, etc. Dessinés par le citoyen Grasset Saint-Sauveur, gravés par le citoyen Labrousse et coloriés d'après nature. — An IV de la république française. 1796. 16 fig. accompagnées d'une notice. Brochure in-8.

41 **Desrais, Le Clerc et Watteau fils**. — Costumes des règnes de Louis XV et Louis XVI. 15 pièces en noir et coloriées.

42 **Divers**. La Nourrice. — Innocence et douceur. — Fanchon dans son enfance. — Ella. — Flavia. — The Captive. — 6 pièces en bistre et en couleur.

43. **Drevet** (Pierre). Samuel Bernard, d'après H. Rigaud. Très-belle épr. avant : *Conseiller d'État.*

44 **Dutailly**. L'Imitation de l'antique. — L'Admiration de l'antique, par Mme Lingée et Prot. 2 pièces.

45 **Ferdinand** (L.). Nicolas Poussin, peintre, d'après V. E. Très-belle épr.

46 **Ficquet** (Étienne). Françoise d'Aubigné, marquise de Maintenon, d'après D. Mignard. Très-belle épr. sur papier double.

47 **Ficquet** et **Eisen**. Portraits tirés du 2e vol. de la *Vie des peintres, flamands, allemands et hollandais, par Descamps.* 31 pièces.

48 **Fragonard** (Honoré). L'Armoire, eau-forte originale du maître. Très-belle épr.

49 — Pierres antiques, suite de 4 pièces. Belles épr.

49 *bis.* — Les Hasards heureux de l'escarpolette, par Nic. de Launay. Superbe épreuve de la planche carrée. Condition parfaite.

50 — La Gimblette, par Bertony. Très-belle épr. avant toutes lettres.

51 — Le Verrou, par M. Blot. Très-belle épr.

52 — La faible Résistance ou le verrou. — L'Amant victorieux, suite du verrou, par Le Beau. 2 pièces coloriées. Très-belles épr.

53 — Le Verre d'eau, par M. Ponce. Très-belle épr.

54 **Goya** (François). Aveugle enlevé sur les cornes d'un taureau. Très-belle épr. avant la lettre.

55 **Greuze** (J.). La petite Fille au Capucin, par P. C. Ingouf. Très-belle épr.

56 — La Vertu chancelante, par J. Massard. Epr. d'eau-forte, remargée.

57 **Halbeeck**. Henri de Bourbon IV, roi de France et de Navarre. *J. Le Clerc excudit*. Très-belle épr.

58 **Huet** (J.-B.). L'Eventail cassé. — L'Amant écouté, par Bonnet. Pièces faisant pendants. Très-belles épr. en couleur.

59 — Les Grâces enchaînées par l'Amour. — L'Amour enchaîné par les Grâces, par Bonnet. Pièces en couleur faisant pendants.

60 — La Colombe bien aimée, par Bonnet. Superbe épr. en couleur.

61 — La petite Fermière, par Bonnet. En couleur. Très-belle épr.

62 **Huet** (Paul). Le Bois de La Haye. Très-belle épr. avant la lettre.

63 **Illustration nouvelle** (l'). Année 1873. 45 planches.

64 — Année 1874. 44 planches.

65 — Année 1875. 35 planches.

66 **Ingres**. La Chapelle Sixtine, par Sudre. Très-belle épr.

67 — Brevets pour l'exposition universelle de 1855. 4 exemplaires.

68 **Janinet**. Vénus endormie, d'après Charlier, charmante petite pièce en couleur pour dessus de tabatière.

69 — Nina, d'après Hoin, en couleur. Très-belle épr.

70 — Le Sommeil d'Ariane, d'après Charlier. Très-belle épr. en couleur, rognée à l'ovale.

71 **Lancret** (Nicolas). Mademoiselle Camargo, par L. Cars. Très-belle épr.

72 — Grandval, par J.-Ph. Le Bas. Très-belle épr.

73 **Lawrince** (Nicolas). Le Billet doux. — Qu'en dit l'abbé. 2 pièces faisant pendants. Superbes épr.

74 — La Balançoire mistérieuse, par Vidal. Très-belle épr.

75 — Le Contre-Temps, par Dequevauviller. Très-belle épr. *Le titre coupé.*

76 **Le Bas.** M^me Favart, rôle de Ninette, d'après Boucher. Très-belle épr. avant la lettre.

77 **Levaillé.** Le Bain interrompu, d'après Borel. Très-belle épr. en couleur.

78 **Martial** (A.-P.). La Merveilleuse, d'après Goupil. Très-belle épr. du 1^er état.

79 — Sous-bois. Superbe épr. avant toute lettre.

80 — Rue de la Tonnellerie, 1866. Très-belle épr. avant la lettre.

81 — La même, épr. avec la lettre.

82 — Portrait de Régnier de la Comédie française, épr. avant la lettre. — A. Thiers, héliogr. de Baudrand, d'après la photographie de Nadar. 2 pièces.

83 — Lettre sur les éléments de la gravure à l'eau-forte. 4 pièces.

84 — Lettre illustrée sur le salon de 1865. Epr. tirées sur chine volant. 20 pièces.

85 — Lettre illustrée sur le Salon de 1866. 21 pièces.

86 — Lettre illustrée sur le Salon de 1867. 7 pièces.

87 — Lettre illustrée sur le Salon de 1868. 8 pièces.

88 — Lettres illustrées sur Paris et les beaux-arts en 1868. 8 pièces.

89 — Lettre illustrée sur le Salon de 1869. 4 pièces.

90 — Notes et lettres manuscrites, exposition universelle et Paris en 1867. Magnifique exemplaire du 1er tirage, sur papier du Japon. 48 pièces.

91 — Paris intime, notes et eaux-fortes, ouvrage tirée à 300 exemplaires, le nôtre porte le n° 74. 60 pièces.

92 — Paris pendant le siége. Premières épreuves. 12 pièces.

93 — Paris sous la Commune. Premières épr. avant la lettre. 12 pièces.

94 — Paris incendié. Premières épr. 12 pièces.

95 — Les Femmes de Paris pendant le siége. Premières épr. tirées sur papier du Japon. 12 pièces.

96 — Les Marins de la défense pendant le siége de Paris. Epreuves tirées sur papier de Chine volant. 16 pièces.

97 — Ancien Paris. 300 pièces.

98 — La Question du Nouvel an, conte illustré. Épreuves sur chine volant. 8 pièces.

99 — Annuaire des Beaux-Arts, 1875. Premières épreuves tirées sur papier gris, feuilles doubles. 33 pièces. Tiré à 5 exemplaires.

100 — Nouveau Traité de la Gravure à l'eau-forte, pour les peintres et les dessinateurs, orné de 12 figures. 1 vol. in-8. broché.

101 — Figures pour le Nouveau Traité de Gravure à l'eau-forte. 12 pièces.

102 — Les Jolies Femmes de Paris. Vingt eaux-fortes. Tirage spécial sur grand papier, in-4, raisin, tiré à 50 exemplaires. Exempl. n° 36.

103 — La Vie et l'Œuvre de Chintreuil, par A. de La Fizelière, Champfleury, F. Henriet. Quarante eaux-fortes, par Martial — Beauverie — Taiée — Ad. Lalauze — Saffroy — Selle — Paul Roux. *Paris*, *Cadard*, 1874. Très-bel exemplaire sur hollande fort.

104 **Meyrion** (Charles). La Galerie de Notre-Dame. (Burty 38.). Très-belle épr., du 1er état.

105 — Saint-Étienne-du-Mont. (B. 42.). Très-belle épr., du 1er état, sur papier Whatman.

106 — La petite Pompe (B. 44.). Très-belle épr., du 2e état.

107 — Tourelle, rue l'École-de-Médecine, 22 (B. 53.). Épr. du 4e état.

108 — Le Pilote de Tonga (B. 58.). Épr. du 2e état.

109 — Loi solaire (B. 67.).

110 **Millet** (J. F.). Mère donnant la bouillie à son enfant. Très-belle épr., avant la lettre.

111 **Monnier** (Henry). Lithographie d'après les chansons de Béranger, suite de 12 pièces, in-4, coloriées. Rares.

112 **Morghen** (Raphael). Apollon sur le Parnasse, d'après Raph. Mengs. Très-belle épr.

113 **Moreau** (D'après J.-M.). Vignettes in-8, pour les Œuvres de Molière, édition *de Bret* 1773. Suite complète de 34 pièces gravées par divers y compris le portrait par Cathelin. Très-belles épr.

114 **Moreau** (Louis). Le Villageois entreprenant. — On y court plus d'un danger, par Germain et Patas. Superbes épr., avant la lettre. 2 pièces.

115 **Nanteuil** (Robert). Pompone de Bellièvre. (R.-D. 37.). Très-belle épr., du 2e état.

116 **Petit** *le fils*. Louis-Philippe d'Orléans, duc de Chartres, d'après Liotard. — Marie, princesse de Pologne, reine de France et de Navarre, d'après de La Tour. 2 pièces.

117 **Photographies**. Monuments incendiés de Paris. 12 pièces.

118 **Pontius** (Paul). Christine, reine de Suède, d'après Justus ab Egmond. Très-belle épr.

119 **Prud'hon** (P.-P.). Une Famille malheureuse. Épr. du 1er état, avant la retouche. — La même, avec la retouche. 2 épreuves.

120 **Prud'hon** et Mlle **Mayer**. L'Innocence préfère l'Amour à la Richesse. — Le Plaisir l'entraîne, le Repentir la suit, par Roger. Très-belles épreuves avant la lettre, 2 pièces faisant pendants, toutes marges.

121 — La Vengeance de Cérès, par Copia. Très-belle épr., en couleur.

122 Triomphe de Napoléon Ier, lithographié par Maurin. Très-belle épr., avant la lettre.

123 **Rochebrune** (O. de). Château de Pierrefonds. 10 juin 1866. Très-belle épr.

124 — Château de Blois. Grand escalier de François Ier. Très-belle épr.

125 **Rubens** (P.-P.). Silène ivre, par P. Soutman. (Basan 58 des sujets de la fable). Très-belle épr.

126 **Saint-Aubin** (Aug. de). La Promenade des remparts de Paris. — Tableau des Portraits à la mode, par P.-F. Courtois. Très-belles épr. 2 pièces faisant pendants.

127 — L'Amour à l'espagnole, d'après J.-B. Le Prince. Très-belle épr., avant la dédicace.

128 **Saint-Jean** (J.-D. de). Femmes et Hommes de qualité. 5 pièces. Très-belles épr., toutes marges.

129 **Saint-Non**. Paysages avec ruines, d'après Le Prince, ovales en hauteur. 5 pièces.

130 **Savart** (Pierre). Diane et Endymion, d'après Mantegne. Très-belle épr.

131 **Sayer** (*Publié, par R.*). La Chambrière instruite. — La Perte irréparable. — La Réflexion tardive. — L'Instant de la gaieté. 4 pièces faisant suite. Très-belles épr.

132 **Sergent** (A-y). The Day's folly. Très-belle épr. en couleur.

133 **Vanloo** Louis XVI. — Marie-Antoinette, par Sullin et Dupin fils. Très-belles épr. 2 pièces.

134 **Watteau** (Antoine). La Danse paysanne, par B. Audran. Très-belle épr., avant toutes lettres.

135 — Fêtes vénitiennes, par Lau. Cars. Très-belle épr.

136 — Retour de chasse (Madame de Vertamon), par B. Audran. Très-belle épr.

137 — La Game d'Amour, par J.-P. Le Bas. Très-belle épr.

138 — Les Jaloux, par G. Scotin. Très-belle épr.

139 — Les Agrémens de l'été, par Jacques de Favanes. Très-belle épr., toutes marges.

140 — La Signature du contrat de la noce de village, par Ant. Cardon.

141 **Wille Fils** (P.-A.). Petit Waux-Hall.

142 Sous ce numéro seront vendus les lots non catalogués.

# DESSINS

143 **Anonyme** Entrée du Palais de Justice, rue aux Juifs, à Rouen. Mai 1833 (Croquis à la plume, dans la manière de Bonington).

144 **Anonyme** de l'École française (Paysage avec chute d'eau (Beau dessin à la plume).

145 **Anonymes** italiens. Compositions pour plafonds (Deux dessins à la plume, lavés de bistre).

146 **Bachelier.** Bacchus et Erigone (Dessin capital. A la plume, lavé de bistre et d'encre de Chine).

147 **Backuysen** (Lud.). Marines (Deux très-petits dessins à la plume, lavés d'encre de Chine).

148 **Bertaux** (Duplessis). Les Français à Rome (Deux dessins capitaux, faisant pendants. A la plume, lavés d'encre de Chine).

149 **Both** (Jean). Paysage avec ruines (A la pierre noire, lavée d'encre de Chine).

150 — Paysages avec figures (Deux dessins faisant pendants. A la pierre noire, sur peau de vélin).

151 **Boucher** (François). Intérieur de ferme (Dessin capital à la plume, lavé de bistre).

152 **Cangiage** Le Martyre de saint Sébastien (Dessin capital à la plume, lavé de bistre).

153 **Caravage** Le Prisonnier (Composition de trois figures à la plume, lavée de bistre).

154 **Casanova** Sujet de bataille (Belle composition à la plume, lavée d'encre de Chine).

155 **Challe** Portrait de Wattier, sculpteur sur bois, auteur de la chair de St.-Roch, à la sanguine.

156 **Corneille** (J.-B.). L'Ange et Tobie (Composition à la plume, lavée d'encre de Chine).

157 **Coussin** (Hardouin). Vue d'un château au bord d'une rivière (A l'aquarelle).

158 **Cuylenburg**. Le Fumeur (A la pierre noire, lavé d'encre de Chine).

159 **Dandré Bardon**. Sujet mythologique (Grande composition à la plume. lavée de bistré).

160 **Deshayes**. Les Juifs ouvrant le tombeau du Christ, après sa résurrection (A la plume, lavé de bistre et rehaussée de blanc).

161 **Desportes.** Sujet de chasse (Composition à la pierre noire, lavée de bistre).

162 **Detroy** (J.-B.). Déesse sur un char traîné par deux chevaux que des guerriers veulent arrêter (A la plume lavée de bistre).

163 **Divers.** L'Annonciation. — Personnage hollandais, en pied. — Portraits. 4 dessins.

164 **Dolci** (Carlo). Tête de jeune garçon, à la sanguine (*Collection William Esdaile*).

165 **Du Jardin** (Karle). Chèvres et chevreau, à la pierre noire, lavée d'encre de Chine.

166 **Du Sart** (Corneille). La Danse villageoise, à la plume, lavée de bistre.

167 **Eisen** (Charles). Cour de ferme, à la plume.

168 **Fragonard** (Honoré). Mort d'un guerrier sur un bûcher, à la plume, lavée d'encre de Chine.

169 **Greuze** (J.-B.). Femme avec enfants (Croquis dans différentes attitudes. 2 dessins à la sanguine).

170 **Guerchin.** La Surprise, à la plume.

171 **Henry** (G.). Souvenirs de l'occupation prussienne (1871). 2 dessins à l'aquarelle.

172 **Huet** (J.-B.). La Jeune Bergère. — Le Petit Pêcheur (Dessins au crayon noir, lavé d'encre de Chine, faisant pendants).

173 — Moulin à eau, vu des deux côtés. 2 paysages avec figures, à la sanguine.

174 — Jeunes Fermières, et composition allégorique. Deux dessins à la mine de plomb.

175 **Jacque** (Charles). Petite chapelle devant une église, située à une lieue et demie de la forteresse du Mont-Hédy, en Lorraine (Croquis à la mine de plomb, signé).

176 — Le Réparateur de faïence. Signé (Crayon noir et estompe).

177 — Croquis militaires. 27 dessins à la mine de plomb.

178 — Croquis divers. 17 sujets à la mine de plomb.

179 — Portraits et études de têtes. 9 croquis à la mine de plomb.

180 — Paysages. 14 croquis à la mine de plomb.

181 **Lantara**. Cabaret aux environs de St.-Maur, au crayon noir, lavé d'encre de Chine.

182 **Le Barbier**. Sainte Madeleine en extase, à l'encre de Chine.

183 **Mazzuoli** (François), dit le Parmesan. Offrande à l'Enfant Jésus, à la plume lavée de bistre.

184 — Le Char d'Apollon renversé, à la plume lavée de bistre.

185 **Mignard** (Pierre). Décoration d'une chapelle (Dessin intéressant au point de vue de l'ornementation, à la plume lavée d'encre de Chine).

186 **Miradoro** (Luiggi). Jeune enfant dormant, à la sanguine.

187 **Molyn** (Pierre). Paysage montagneux, à la pierre noire lavée de bistre (Dessin signé *P. Molyn*, 1659).

188 **Parrocel**. Guerriers en marche (Croquis à la plume).

189 **Pérignon**. Trois paysages lavés à l'encre de Chine.

190 **Procacini**. L'Annonciation (Dessin à la plume).

191 **Robert** (Hubert). Paysage avec figures ; au milieu une fontaine, sur laquelle on lit : *Dessiné par H. Robert, à Sainte-Pélagie, l'an deuxième de la République* (Beau dessin à la sanguine).

192 — Paysages avec ruines (Deux superbes dessins à la pierre noire, faisant pendants).

193 — Les Laveuses (Grand et beau paysage à la plume lavée de bistre).

194 **Roqueplan** (Camille). Le Moulin, à la mine de plomb.

195 **Ruisdael** (Jacques). Le Champ de Blé, à la pierre noire lavée d'encre de Chine.

196 **Théolon**. La Rencontre, à la pierre brune sur papier gris bleu.

197 **Tiépolo** (J.-B.). Apollon et Daphné (Dessin au bistre).

198 **Tiépolo** (Dominique). Bacchanales (Compositions à la plume, lavées de bistre. Deux dessins faisant pendants).

199 **Tintoret** (Le). La Cène, à la plume lavée de bistre.

200 **Uden** (Lucas Van). Paysage au bistre (Composition largement traitée).

201 **Velde** (Adrien Van) et **J. de Witt**. Pécheur et Pécheuse assis sur une pierre antique (Composition pour frontispice, à la plume lavée d'encre de Chine).

202 **Zuccaro**. Ecce Homo. — Saints en extase devant la Vierge sur les nues (Deux dessins à la plume lavée de bistre).

Ves Renou, Maulde et Cock, imprs de la Cie des Commissaires-Priseurs, rue de Rivoli, 144. 70348

www.ingramcontent.com/pod-product-compliance
Ingram Content Group UK Ltd.
Pitfield, Milton Keynes, MK11 3LW, UK
UKHW020527180726
13839UKWH00005B/2357

9 782329 534138